Mon

Bernadette Renaud

Illustrations : Marie-Claude Favreau

Directrice de collection : Denise Gaouette

Données de catalogage avant publication (Canada)

Renaud, Bernadette

Mon chat Zoo

(Rat de bibliothèque. Série bleue ; 10)
Pour enfants de 7 ans.

ISBN 978-2-7613-1876-1

I. Cossette, Julie. II. Titre. III. Collection : Rat de bibliothèque (Saint-Laurent, Québec). Série bleue ; 10.

PS8585.E63M66 2006   jC843'.54   C2006-940407-0
PS9585.E63M65 2006

© ÉDITIONS DU RENOUVEAU PÉDAGOGIQUE INC., 2006
Tous droits réservés.

 On ne peut reproduire aucun extrait de ce livre sous quelque forme ou par quelque procédé que ce soit – sur machine électronique, mécanique, à photocopier ou à enregistrer, ou autrement – sans avoir obtenu, au préalable, la permission écrite des ÉDITIONS DU RENOUVEAU PÉDAGOGIQUE INC.

Dépôt légal – Bibliothèque et Archives nationales du Québec, 2006
Dépôt légal – Bibliothèque et Archives Canada, 2006

4567890 EMP 17 16 15 14 13

IMPRIMÉ AU CANADA   10729 ABCD   CM16

J'ai un zoo dans ma maison.
Lis la suite
et tu verras que j'ai raison.

Quand mon chat ne veut pas
rester dans mes bras,
il se tortille comme une anguille.
J'ai un chat et une anguille.

Quand mon chat joue avec moi,
il bondit comme un chamois.
J'ai un chat, une anguille
et un chamois.

Quand mon chat descend
l'escalier en courant,
il a le pas d'un éléphant.
J'ai un chat, une anguille,
un chamois et un éléphant.

Quand mon chat mange du thon,
il dévore tout comme un glouton.
J'ai un chat, une anguille,
un chamois, un éléphant
et un glouton.

Quand mon chat me laisse brosser
ses longs poils blonds,
il est comme un hérisson.
J'ai un chat, une anguille,
un chamois, un éléphant,
un glouton et un hérisson.

Quand mon chat est grognon,
il rugit comme un lion.
J'ai un chat, une anguille,
un chamois, un éléphant,
un glouton, un hérisson
et un lion.

Quand mon chat court et trotte,
il dort ensuite comme une marmotte.
J'ai un chat, une anguille,
un chamois, un éléphant,
un glouton, un hérisson,
un lion et une marmotte.

Quand mon chat fait le fanfaron,
il se dresse comme un ourson.
J'ai un chat, une anguille,
un chamois, un éléphant,
un glouton, un hérisson,
un lion, une marmotte
et un ourson.

Quand mon chat se lèche
et se nettoie avec ardeur,
il est propre comme un raton laveur.

J'ai un chat, une anguille,
un chamois, un éléphant,
un glouton, un hérisson,
un lion, une marmotte,
un ourson et un raton laveur.

Quand mon chat chasse
dans les champs,
il fixe sa proie comme un serpent.

J'ai un chat, une anguille,
un chamois, un éléphant,
un glouton, un hérisson,
un lion, une marmotte,
un ourson, un raton laveur
et un serpent.

Mais quand mon chat
cesse de faire le fou,
il ronronne dans mon cou.
Il n'y a plus de chat **ZOO**
dans ma maison,
juste un gentil chaton.